PARTY FEIERN MIT
FERTIG-
PRODUKTEN

Die besten Rezepte mit Mini-Frikadellen, Blätterteig, Fertig-Pfannkuchen & Co.

– kaufen –
– aufpeppen –
– feiern –

Weltbild

INHALT

VORWORT

Es ist schon später Nachmittag, als sich für den Abend ein paar Freunde ankündigen. Zeit für ein opulentes Büfett bleibt nicht mehr, und trotzdem wollen Sie Ihren Gästen ein paar herzhafte Snacks und leckeres Fingerfood kredenzen. Denn die gehören einfach dazu, mag die Runde auch noch so klein sein. Ein Blick in Kühlschrank, Gefrierfach und Vorratsschrank bringt Sie auch auf keine Idee. In diesem Buch erfahren Sie, wie aus Lebensmitteln, die es in jedem Supermarkt gibt, kulinarische Highlights entstehen können, die auch noch blitzschnell zubereitet sind. Ob Sie kalte Häppchen, warme Sattmacher oder süße Leckereien bereitstellen möchten, hier werden Sie fündig. Dazu ein paar Getränke, und schon kann der gemütliche Spieleabend, die nette Nachbarschaftsrunde oder die ausgelassene Party steigen.

Im Nu angerichtet sind kleine, gefüllte Taschen aus Blätterteig. Russische Eier passen immer, genauso wie leckere Fleischspieße oder ein Salat. Flammkuchen oder Pizza vom Blech werden stets begeistert aufgenommen und sind schnell verputzt, und auch Burger kommen immer bestens an. Ein Salat, den Sie portionsweise in Gläsern anrichten, macht genauso viel her wie eine Fertigsuppe, die mit einigen frischen Zutaten verfeinert wird. Viel braucht es nicht, um Menschen glücklich zu machen. Und alles, was Sie dafür brauchen, steht oder liegt in den Regalen bzw. in Kühl- oder Gefriertruhe Ihres Supermarkts.

Blättern Sie durchs Buch und lassen Sie sich inspirieren, und sollte Ihnen dann noch etwas fehlen, ist es schnell besorgt. Wetten, in ein bis zwei Stunden haben Sie alles fertig? Also keine Hektik! Da bleibt sogar noch Zeit, um den Putzlappen zu schwingen und sich schön zu machen.

4

Einleitung

Kombinieren Sie am besten beliebte Partyklassiker. So ist für jeden Geschmack immer etwas dabei. Mitentscheidend bei der Rezeptauswahl ist die Jahreszeit. Im Sommer sollten es eher leichte Snacks oder Salate sein, in der kälteren Jahreszeit kommen dagegen auch heiße Suppen und eine Quiche oder Pizza gut an. Für die Umsetzung der Rezeptideen in diesem Buch haben Sie sicher vieles schon im Haus. Egal, ob Sie unverhofft Besuch bekommen, sich kurzfristig Gäste anmelden oder Sie einfach keine Zeit bzw. Lust haben, um tagelang etwas zu planen und vorzubereiten: Mit diesen Ideen stehen Sie auf der sicheren Seite. Wer seine „Lieblinge" gefunden hat, die er regelmäßig – auch einfach mal unter der Woche – zubereitet, weil sie so gut schmecken, hat das, was er dafür braucht, dann sicher immer im Haus.

Augen auf im Supermarkt

Ein Tipp für alle anderen, die noch unentschlossen sind. Bummeln Sie doch einmal mit anderen Augen durch den Supermarkt, in dem Sie immer einkaufen gehen. Halten Sie Ausschau nach Produkten, die vorgegart sind und nach Lebensmitteln in Gläsern und Konserven, werfen Sie einen Blick in Gefriertruhe und Kühltheke und prüfen Sie, was davon auf die Schnelle zu köstlichen kleinen Partysnacks verarbeitet werden kann. Sie werden garantiert fündig werden.

Das Einfachste ist immer noch das Beste!

Freunde wollen vor allem eines: mit Ihnen zusammen sein, Spaß haben, nette Gespräche führen, das Zusammensein genießen. Es ist schön, wenn es dazu ein paar Häppchen gibt, das Essen steht aber nicht im Mittelpunkt, es ist ein angenehmer Begleiter und soll natürlich schmecken. Dazu die richtigen Getränke und natürlich

Im Vorratsschrank

Folgendes zu Hause vorrätig zu haben, erweist sich als nützlich:

- **TK-Produkte** (z. B. Blattspinat, Gemüsemischungen, Fischstäbchen, Kartoffelpuffer, Beerenfrüchte, Gebäck wie etwa Berliner oder Windbeutel, Törtchen, Brot)
- **Konserven** (z. B. Pilze, Tomaten, Tomatenmark, Gemüsemais, Cornichons, Thunfisch, Oliven, Kirschen, Pflaumen)
- **Produkte aus der Kühltheke** (Blätterteig, Pizzateig, Flammkuchenteig, Quark, Crème fraîche, Joghurt, Pudding, abgepackter Schinken, Bacon und Salami, Hähnchenfleisch, Mini-Frikadellen, geriebener Käse, Mozzarella, Räucherlachs)
- **Trockenprodukte** (z. B. Pasta, Schokolade, Kakao)
- **Soßen, Mayonnaise, Ketchup, Senf, Pesto und Co.**
- **Frisches Obst und Gemüse** (z. B. Zwiebeln, Tomaten, Kräuter, Salatgurke, Radieschen, Bananen, Äpfel usw.)

etwas Süßes – ob Kuchen, Muffins oder ein Dessert – und schon gelingt der Abend. Niemand erwartet von Ihnen, dass Sie Haute Cuisine servieren. Im Notfall ist das Einfachste immer noch das Beste. Ob knusprige Schupfnudeln zum Dippen (siehe Seite 28), Sandwich-Häppchen (siehe Seite 32), mit Käse überbackene Nachos (siehe Seite 38), Fischstäbchen-Burger (siehe Seite 52) und Schoko-Orangen-Törtchen (siehe Seite 76) bzw. Käsekuchen im Glas (siehe Seite 78): Diese Rezepte kommen gut an.

Leckere Aufstriche schnell gemacht

Zur Not tut es aber auch eine Packung Kräcker, eine Rolle Pumpernickel, Schwarzbrotecken oder Baguettescheiben, die Sie mit unterschiedlichen Aufstrichen zubereiten. Sie sind schnell in den Mund gesteckt und überaus beliebt. In der Kühltheke finden Sie unterschiedliche Aufstriche. Mit dem, was Sie vorrätig haben, können Sie

aber auch einige selbst zubereiten. Wie wäre es z. B. mit einem Camembert-Aufstrich? Dafür einen Camembert in kleine Stücke schneiden und mit einer fein gehackten Zwiebel, etwas Sahne, Pfeffer und Paprikapulver verrühren. Alternativ verrühren Sie eine Packung Frischkäse mit etwas Sahne oder Milch. Rühren Sie klein gewürfelte Radieschen oder Salatgurkenwürfel darunter und würzen Sie den Aufstrich nach Geschmack. Auch frisch gehackte Kräuter oder Schnittlauchröllchen passen dazu. Lecker auf Brot ist auch ein Leberwurst-Aufstrich. Dafür 150 Gramm feine Kalbsleberwurst mit etwas Salz und Pfeffer und etwas Crème fraîche verrühren. Zwei bis drei klein gehackte Cornichons und Schnittlauch unterrühren und nach Belieben würzen. Die Aufstriche reichen für 20 bis 30 Kräcker. Auch fertige Feinkostsalate, Schinken, Salami und Lachs lassen sich hervorragend zu Brot servieren. Nicht zu vergessen: Käsewürfel. Und alle, die es gern süß mögen, werden vom Bananen-Aufstrich aus einer zerdrückten Banane, einer halben Packung Quark, etwas Zucker, Zitronensaft und einem Esslöffel Kokosraspel begeistert sein (schmeckt übrigens auch als schnelles Dessert, dann einfach noch ein paar Bananenscheiben obendrauf legen).

Dips gehen immer

Dips bereichern jeden Partytisch und lassen sich vielseitig einsetzen. Schnell ange-
rührt, schmecken sie zu Gemüsesticks (Möhren, Paprika, Sellerie, Gurke), aber auch
zu Focaccia, klein geschnittenen Brötchen oder Mini-Frikadellen. Fertige Aioli und
Tsatsiki finden Sie in der Kühltheke des Supermarkts. Ajvar, eine schärfere Paprika-
soße, steht bei Ketchup und Co. Dort finden Sie auch weitere Soßen, die sich als Dip
reichen lassen. Aber natürlich können Sie auch selbst den Rührlöffel schwingen,
wenn Sie richtig Eindruck schinden möchten. Zu Salzstangen, Grissini und Kartoffel-
Wedges passt ein Quarkdip. Dafür 150 Gramm klein gewürfelte Salzgurken mit
250 Gramm Sahnequark, zwei Teelöffel scharfem Senf und so viel Gurkenflüssigkeit
verrühren, bis eine cremige Konsistenz entsteht. Mit Salz, Pfeffer und Zucker würzen.
Tipp: Russisch wird der Dip, wenn Sie etwas Gurkenflüssigkeit durch Wodka ersetzen.
Gut zu Gemüsesticks aller Art passt eine kalifornische Soße. Dafür verrühren Sie
200 Gramm Frischkäse, 125 Gramm Sahne, acht Esslöffel Tomatenketchup, etwas
Worcestersoße, Tabasco, Zitronensaft, Salz, Pfeffer und Zucker. Fertig!

Die süße Krönung

Was wäre eine Party ohne den krönenden Abschluss eines Desserts? Es gibt viele
Möglichkeiten, aus im Supermarkt erhältlichen Produkten etwas Fantasievolles zu
zaubern. Auch hier gilt: Es muss schmecken, auch ohne viel Schnickschnack. Im vor-
liegenden Buch finden Sie Vorschläge, die sich im Nu umsetzen lassen. Gern gesehen
sind immer wieder Schichtdesserts. Sie können diese auch ganz individuell zubereiten,
indem Sie etwa Pudding aus dem Kühlregal (Vanille, Schoko, Karamell) schichtweise
mit Roter Grütze in Gläser geben. Obendrauf etwas Knuspermüsli oder zerbröselte
Kekse und schon ist das Dessert fertig. Rote Grütze ist auch die perfekte Beilage zu
Eis oder Waffeln. Lassen Sie sich von den Rezepten auf den nächsten Seiten inspirieren und freuen Sie sich dann auf die nächste Gelegenheit zum Feiern. Die Party-
vorbereitungen werden garantiert stressfrei!

Einfach aufgepeppt

Keine Zeit für ausgeklügelte Menüabfolgen oder ein aufwendiges Party-Büfett? Keine Sorge! Mit ein paar Tipps und Kniffen können Sie Ihre Gäste trotzdem mit appetitlichen Häppchen, dekorativen Kuchen und leckeren Getränken verwöhnen.

Feine Antipasti-Platte

Eine Antipasti-Platte benötigt kaum Vorbereitung, wichtig ist nur die Präsentation: Füllen Sie dekorative Schälchen mit Oliven, getrockneten Tomaten, Balsamicozwiebeln oder gefüllten Peperoni und stellen Sie diese um ein großes Holzbrett. Auf dieses arrangieren Sie dann Schinken-, Salami- und Käsesorten und platzieren dazwischen Cocktailtomaten, Gurkenscheiben und Weintrauben als Deko. Mit Zahnstochern können sich Ihre Gäste dann nach Lust und Laune die Leckereien „herauspicken".

Müheloses Kuchenglück

Natürlich schmeckt ein selbst gebackener Kuchen besser. Aber wenn Zeit oder Können einfach nicht reichen, kann auch der Fertigkuchen aus dem Supermarkt ein leckerer Hingucker werden. Dekorieren Sie z. B. Schokoladen- oder Marmorkuchen mit frisch aufgeschlagener Sahne, frischen Beeren und ein paar Minzeblättchen. Das macht nicht nur optisch Eindruck, sondern schmeckt auch köstlich.

Dips und Soßen verfeinern

Salzstangen, Grissini, Tortillachips – all das ist schnell gekauft und auf dem Büfett oder dem Esstisch arrangiert. Jetzt müssen nur noch ein paar Dips und Soßen her! Auch Fertigdips lassen sich im Handumdrehen aufpeppen. Kräuterfrischkäse wird durch ein paar Radieschen- und Gurkenwürfel raffinierter. Schnöde Mayonnaise verwandelt sich mit etwas Knoblauch und Zitronensaft in eine Aioli. Und mit Ras el Hanout, Salz und Pfeffer wird langweiliges Ketchup zum orientalischen Genuss.

Schnelle Cocktails

Partyzeit ist Cocktailzeit! Mit nur ein paar Zutaten können Sie aus einer Weißweinschorle einen dekorativen Drink zaubern. Einfach ein paar Minzeblätter, etwas TK-Beerenmischung und einen Schuss Lillet blanc oder Aperol dazugeben – fertig ist der Sommerdrink. Auch Prosecco lässt sich mit einem Schuss Holunderblütensirup oder Granatapfellikör schnell aufpeppen. Und Minze, Limettenspalten und Gurkenscheiben machen den Gin Tonic nicht nur dekorativer, sondern auch leckerer.

Snacks & Häppchen

MEDITERRANE BLÄTTERTEIGTASCHEN

Zutaten für 12 Stück

50 g getrocknete Tomaten, 50 g Oliven, 50 g Feta, 1 Pck. Blätterteig (aus dem Kühlregal), 2 TL fein gehackter Oregano, 2 TL fein gehacktes Basilikum, 1 Ei, 2 EL Sesam

Zubereitung *ca. 20 Min.*
Backzeit *ca. 12 Min.*

Pro Stück *ca. 132 kcal · 3 g EW · 9 g F · 9 g KH*

1. Getrocknete Tomaten und Oliven in einem Sieb abtropfen lassen und fein hacken. Feta in kleine Würfel schneiden. Backofen auf 220 °C (Umluft: 200 °C) vorheizen.

2. Blätterteig ausrollen und dreimal längs sowie fünfmal quer in gleichmäßig große Stücke teilen, sodass 24 Teigrechtecke entstehen.

3. Tomaten, Oliven, Feta und gehackte Kräuter in einer Schüssel vermischen. Jeweils 1 Teelöffel der Mischung auf 12 Teigrechtecke geben, jeweils ein zweites Teigstück darauflegen und Ränder gut andrücken. Teigtaschen nach Belieben zu Brötchen formen.

4. Teigtaschen mehrmals einschneiden. Ei in einer Schüssel verschlagen und Teigtaschen damit bestreichen. Mit Sesam bestreuen. Auf einem mit Backpapier belegten Backblech im vorgeheizten Backofen ca. 12 Minuten goldbraun backen.

Tipp Statt Weizenblätterteig können Sie auch Dinkelblätterteig verwenden. Die frischen Kräuter lassen sich durch getrocknete Kräuter ersetzen. In diesem Fall sollten Sie jedoch insgesamt nur 1 bis 2 Teelöffel verwenden, da diese intensiver als frische Kräuter schmecken.

PARMESAN-KNOBLAUCH-HAPPEN

Zutaten für ca. 12 Stück

*1 Knoblauchzehe, 1 Pck. Pizzateig (aus dem Kühlregal),
50 g geriebener Parmesan, 70 ml Öl,
1 EL gemischte Kräuter (fein gehackt oder TK-Produkt),
Salz, frisch gemahlener Pfeffer*

Zubereitung *ca. 15 Min.*
Backzeit *ca. 12 Min.*

Pro Stück *ca. 153 kcal • 4 g EW • 8 g F • 16 g KH*

1. Backofen auf 220 °C (Umluft: 200 °C) vorheizen. Knoblauch schälen und fein hacken. Pizzateig ausrollen und Parmesan mit Öl, Knoblauch und Kräutern in einer Schüssel verrühren. Mit Salz und Pfeffer würzen.

2. Etwas Parmesanmasse zum Bestreichen der Oberfläche beiseitestellen. Pizzateig in gleich große Teigstücke schneiden, Parmesanmasse daraufgeben und Teigstücke zu Brötchen oder Knoten formen.

3. Pizzateigstücke auf ein mit Backpapier belegtes Backblech setzen und mit der beiseitegestellten Parmesanmasse bestreichen. Im vorgeheizten Backofen ca. 12 Minuten goldbraun backen.

Tipp Anstelle von Parmesan können Sie auch frisch geriebenen Grana Padano aus dem Kühlregal verwenden.

MINI-FRIKADELLEN AM SPIESS

Zutaten für 20 Stück

einige Scheiben Käse, 20 Cocktailtomaten, 4–5 große Radieschen,
einige Scheiben Salat (z. B. Blatt- oder Feldsalat),
500 g Mini-Frikadellen (aus dem Kühlregal),
20 Spieße

Zubereitung *ca. 15 Min.*

Pro Stück *ca. 87 kcal · 4 g EW · 6 g F · 3 g KH*

1. Käse in 20 Stücke schneiden. Tomaten, Radieschen und Salat putzen, waschen und trocken tupfen. Radieschen in 20 Scheiben schneiden, Salatblätter in mundgerechte Stücke schneiden.

2. Mini-Frikadellen, Käse, Salatblätter, Radieschenscheiben und Tomaten jeweils auf Spieße stecken. Dazu passt Gewürzketchup.

Tipp Die Hackbällchenspieße lassen sich nach Herzenslust mit Fetawürfeln oder Mini-Mozarella-Kugeln, Rauke oder Oliven aus dem Glas variieren.

LACHS-SCHNECKEN

Zutaten für ca. 8 Portionen

250 g Frischkäse, 2 EL fein gehackte Petersilie,
Salz, frisch gemahlener Pfeffer,
1 Pck. Filo- oder Yufkateig (aus dem Kühlregal),
400 g Räucherlachs (in Scheiben),
etwas zerlassene Butter zum Bestreichen

Zubereitung *ca. 15 Min.*

Backzeit *ca. 15 Min..*

Pro Portion *ca. 292 kcal • 14 g EW • 18 g F • 20 g KH*

1. Backofen auf 200 °C (Umluft: 180 °C) vorheizen. In einer Schüssel Frischkäse, Petersilie, Salz und Pfeffer verrühren.

2. Filo- oder Yufkateig ausrollen, mit Lachscheiben belegen und dünn mit der Frischkäsemasse bestreichen. Dabei an den Seiten einen kleinen Rand frei lassen.

3. Teig aufrollen und in 2 bis 3 Zentimeter dicke Scheiben schneiden. Teigscheiben auf ein mit Backpapier belegtes Backblech setzen, mit zerlassener Butter bestreichen und im vorgeheizten Backofen ca. 12–15 Minuten goldbraun backen.

Tipp Anstelle von Lachs können Sie auch Kochschinken oder gegrillte Putenbrust verwenden.

RÖLLCHEN MIT HÄHNCHENFLEISCH

Zutaten für ca. 8 Portionen

*2 gegarte Hähnchenbrustfilets (aus dem Kühlregal), Salz, frisch gemahlener Pfeffer,
etwas Öl zum Braten, 175 g Frischkäse, 100 g Mais (aus der Dose),
10 Blätter Filo- oder Yufkateig (aus dem Kühlregal), etwas zerlassene Butter zum Bestreichen,
4 Tomaten, einige Scheiben Schinken, einige Scheiben Käse*

Zubereitung *ca. 20 Min.*
Backzeit *ca. 20 Min.*

Pro Portion *ca. 128 kcal · 17 g EW · 17 g F · 22 g KH*

1. Backofen auf 190 °C (Umluft: 170 °C) vorheizen. Hähnchenbrustfilets mit Salz und Pfeffer würzen. Frischkäse in einer Schüssel mit dem abgetropften Mais verrühren, Hähnchenfleisch in kleine Stücke schneiden und unterrühren. Mit Salz und Pfeffer würzen.

2. Jeweils vier Teigblätter mit etwas Butter bestreichen, aufeinanderlegen und mit einem weiteren Teigblatt bedecken. Hähnchenmasse auf dem Teig verteilen. Dabei jeweils einen Streifen am oberen Rand frei lassen. Tomaten putzen, waschen, trocken tupfen, in dünne Scheiben schneiden und gleichmäßig auf der Masse verteilen. Mit Schinken und Käse belegen.

3. Belegten Teig jeweils zu einem Strudel aufrollen und Enden vorsichtig andrücken. Strudel jeweils in ca. 4 Zentimeter lange Stücke schneiden und mit zerlassener Butter bestreichen. Teigröllchen auf ein mit Backpapier belegtes Backblech setzen und im vorgeheizten Backofen ca. 20 Minuten goldbraun backen.

Tipp Statt Filo- oder Yufkateig können Sie auch in mehrere Teigblätter geschnittenen Blätterteig verwenden.

TORTILLACHIPS-MOZZARELLA-BÄLLCHEN

Zutaten für ca. 6 Portionen

½ Pck. Tortillachips,
250 g Mini-Mozzarellakugeln,
75 g Dinkelmehl,
2 Eier

Zubereitung *ca. 20 Min.*
Backzeit *ca. 4 Min.*

Pro Portion *ca. 216 kcal • 12 g EW • 11 g F • 15 g KH*

1. Backofen auf 200 °C (Umluft: 180 °C) vorheizen. Tortillachips in einen Gefrierbeutel geben, fest verschließen und Chips mit einer Teigrolle fein zerbröseln. Mozzarellakugeln gut auf Küchenpapier abtropfen lassen.

2. Dinkelmehl in einen tiefen Teller geben, Tortillabrösel in einem zweiten Teller verteilen. Eier in einem dritten Teller verschlagen.

3. Mozzarellakugeln erst im Mehl wälzen, dann durch die Eiermasse ziehen und zuletzt in den Tortillabröseln wenden. Tortilla-Mozzarella-Bällchen auf ein mit Backpapier belegtes Backblech legen und im vorgeheizten Backofen ca. 4 Minuten backen. Noch warm servieren. Dazu schmeckt Sweet-Chili-Soße, Cranberrysoße oder ein anderer würziger Dip.

KNUSPRIGE SCHUPF-NUDELN ZUM DIPPEN

Zutaten für ca. 6 Portionen

1–2 Eier,
75 g Paniermehl,
500 g Schupfnudeln (aus dem Kühlregal),
2 EL Öl

Zubereitung *ca. 15 Min.*

Pro Portion *ca. 235 kcal • 6 g EW • 7 g F • 34 g KH*

1. Eier in einem tiefen Teller verschlagen, Paniermehl in einen separaten tiefen Teller geben. Schupfnudeln nacheinander durch die Eiermasse ziehen und im Paniermehl wenden.

2. Öl in einer Pfanne erhitzen und Schupfnudeln darin portionsweise knusprig braten. Noch warm mit einem Dip nach Wahl servieren.

Tipp Zu den Schupfnudeln passt z. B. Knoblauchquark. Dazu 750 Gramm Quark mit etwas Milch, einer fein gehackten Knoblauchzehe, Salz und Pfeffer verrühren. Statt Knoblauch kann man auch gehackte Kräuter und klein geschnittene Radieschen unter den Quark rühren.

SPINAT-KÄSE-TASCHEN

Zutaten für 6 Stück

*150 g gehackter Blattspinat (TK-Produkt), 1 Zwiebel, 1 EL Öl,
4 EL geriebener Käse, 150 g Feta, 2 Eier, Salz,
frisch gemahlener Pfeffer, 1 Prise gemahlener Kreuzkümmel,
1 Pck. Blätterteig (aus dem Kühlregal)*

Zubereitung *ca. 30 Min.*
Backzeit *ca. 20 Min.*

Pro Stück *ca. 344 kcal • 13 g EW • 24 g F • 18 g KH*

1. Spinat in der Mikrowelle auftauen und in einem Sieb abtropfen lassen. Zwiebel schälen und fein hacken. Öl erhitzen und Zwiebel darin glasig braten. Spinat zugeben und einige Minuten mitdünsten. Geriebenen Käse und zerbröckelten Feta zufügen und unterrühren. 1 Ei verschlagen und zugeben. Alles gut verrühren und mit Salz, Pfeffer und Kreuzkümmel würzen. Backofen auf 180 °C (Umluft: 160 °C) vorheizen.

2. Blätterteig ausrollen und 6 Quadrate ausschneiden. Restliches Ei verschlagen und Teigränder mit etwas Ei bestreichen. Blätterteigquadrate mittig mit Spinat-Käse-Füllung belegen und zu Dreiecken zusammenklappen. Ränder gut andrücken. Blätterteigtaschen mit Ei bestreichen.

3. Teigtaschen auf ein mit Backpapier belegtes Backblech legen und im vorgeheizten Backofen ca. 15–20 Minuten goldgelb backen.

SANDWICH-HÄPPCHEN

Zutaten für 8 Stück

24 Scheiben Mini-Toast, 250 g Frischkäse, frisch gemahlener Pfeffer,
einige Salatblätter, 2–3 kleine Tomaten, 250 g gegarte Putenbrust (aus dem Kühlregal),
8 Scheiben Käse (z. B. Gouda, Bergkäse oder Butterkäse),
etwas Kräuterremoulade, 8 Holzspieße

Zubereitung *ca. 25 Min.*

Pro Stück *ca. 384 kcal • 18 g EW • 27 g F • 16 g KH*

1. Backofen auf 200 °C (Umluft: 180 °C) vorheizen und Mini-Toastsscheiben im vorgeheizten Backofen einige Minuten rösten.

2. 8 Scheiben Toast mit Frischkäse bestreichen und pfeffern. Salatblätter waschen, trocken schleudern, in mundgerechte Stücke schneiden und darauflegen. Tomaten putzen, waschen, trocken tupfen und in Scheiben schneiden.

3. Toastscheiben mit klein geschnittener Putenbrust belegen, je 8 weitere Scheiben Toast daraufsetzen und mit Salat, Tomaten und Käse belegen. Einen Klecks Remoulade daraufgeben und jeweils mit einer weiteren Scheibe Toast bedecken. Mit Holzspießen fixiert servieren.

Tipp Statt Mini-Toasts können Sie auch normale (getoastete) Toasts nehmen, die Sie halbieren oder vierteln. Die Putenbrustfilets lassen sich durch Hähnchenbrust oder Lachs ersetzen. Je nach Geschmack können Sie die Sandwich-Häppchen auch mit Fleischsalat, hart gekochten, in Scheiben geschnittenen Eiern, Gurken- oder Radieschenscheiben und Camembert belegen.

SCHNELLE RUSSISCHE EIER

Zutaten für 16 Stück

8 hart gekochte Eier (Fertigprodukt),
Salz, frisch gemahlener Pfeffer,
4 EL Mayonnaise,
3–4 Stängel Dill zum Garnieren,
etwas Paprikapulver zum Bestäuben

Zubereitung *ca. 15 Min.*

Pro Stück *ca. 75 kcal · 3 g EW · 7 g F · 0 g KH*

1. Eier pellen und längs halbieren. Eigelbe jeweils mit einem Löffel herausnehmen und in einer Schüssel gut mit einer Gabel zerdrücken. Sorgfältig mit Salz, Pfeffer und Mayonnaise verrühren.

2. Eigelbmasse in einen Spritzbeutel mit kleiner Tülle füllen und in die Eierhälften spritzen.

3. Dill waschen, trocken schütteln, Fähnchen abzupfen und klein schneiden. Russische Eier mit Paprikapulver bestäuben und mit Dill garniert servieren.

Tipp Nach Belieben eine fein gehackte Gewürzgurke und ½ Teelöffel Senf unter die Eigelbmasse rühren. Statt Dill können Sie auch Schnittlauchröllchen für die Garnitur verwenden.

KANAPEES MIT RÄUCHER-FORELLEN-MOUSSE

Zutaten für 12 Stück

150 g geräuchertes Forellenfilet,
100 g Crème fraîche, 1 TL gehackter Dill,
12 Scheiben rundes Schwarzbrot oder Pumpernickel,
einige Petersilienblättchen zum Garnieren

Zubereitung *ca. 15 Min.*

Pro Stück *ca. 75 kcal · 4 g EW · 5 g F · 4 g KH*

1. Forellenfilet gut mit einer Gabel zerdrücken und sorgfältig mit Crème fraîche und Dill verrühren. Räucherforellen-Mousse auf den Brotscheiben verteilen und mit Petersilie garniert servieren.

Tipp Statt Schwarzbrot oder Pumpernickel können Sie auch Kräcker verwenden. Wer Forelle nicht mag, kann Lachs oder Räuchermakrele nehmen. Die Lachsmousse können Sie auch noch mit etwas geriebenem Meerrettich abschmecken und die Kanapees zusätzlich mit Gurkenscheiben belegen.

ÜBERBACKENE KÄSE-NACHOS

Zutaten für ca. 4 Portionen

200 g gesalzene Tortillachips,
etwas Salsa (aus dem Glas), 80 g geriebener Käse (z. B. Gouda),
je 1 rote und grüne Peperoni, 1 EL fein gehackte Petersilie

Zubereitung *ca. 10 Min.*
Backzeit *ca. 10 Min.*

Pro Portion *ca. 339 kcal · 7 g EW · 17 g F · 37 g KH*

1. Eine flache Auflaufform mit Backpapier auslegen und Tortillachips darin verteilen. Backofen auf 200 °C (Umluft: 180 °C) vorheizen.

2. Chips mit Salsa beträufeln und mit Käse bestreuen. Ca. 10 Minuten im vorgeheizten Backofen backen, bis der Käse zerlaufen ist.

3. Peperoni waschen, entkernen und in Scheiben schneiden. Peperonis und gehackte Petersilie auf den Käse-Nachos verteilen und Nachos sofort servieren.

Tipp Dazu passt Sourcream oder Guacamole. Für eine selbst gemachte Guacamole Fruchtfleisch von 1 Avocado mit etwas Salz, Pfeffer, Zitronensaft und 1 zerdrückten Knoblauchzehe verrühren. Eine rote Chilischote waschen, trocken tupfen, entkernen, fein hacken und darübergeben.

GURKENRÖLLCHEN MIT GARNELEN

Zutaten für 12 Stück

2 Salatgurken,
250 g Frischkäse oder Kräuterfrischkäse,
Salz, frisch gemahlener Pfeffer, Holzspieße,
12 gegarte Garnelen (aus dem Kühlregal),
einige Petersilienblättchen zum Garnieren

Zubereitung *ca. 15 Min.*

Pro Stück *ca. 68 kcal • 3 g EW • 5 g F • 2 g KH*

1. Gurken gründlich waschen, trocken tupfen und jeweils längs in 6 Streifen schneiden. Frischkäse in einer Schüssel mit Salz und Pfeffer verrühren und in einen Spritzbeutel füllen.

2. Gurkenscheiben zu Röllchen formen, auf Holzspieße stecken und mit einer Öffnung nach oben auf einen Teller setzen.

3. Gurkenröllchen mit Frischkäse füllen und jeweils eine Garnele daraufsetzen. Mit Petersilie garniert servieren.

Tipp Anstelle von Frischkäse Thunfisch aus der Dose mit Mayonnaise verrühren, mit Salz und Pfeffer würzen und Gurkenröllchen damit füllen.

Für den großen Hunger

FLAMMKUCHEN MIT ZWIEBELN UND SPECK

Zutaten für ca. 4 Portionen

90 g durchwachsener Speck,
1 Pck. Flammkuchenteig (aus dem Kühlregal),
125 g Crème fraîche,
1–2 Zwiebeln,
frisch gemahlener Pfeffer

Zubereitung *ca. 10 Min.*
Backzeit *ca. 15 Min.*

Pro Portion *ca. 340 kcal • 10 g EW • 18 g F • 34 g KH*

1. Backofen auf 220 °C (Umluft: 200 °C) vorheizen. Flammkuchenteig ausrollen und auf ein mit Backpapier belegtes Backblech legen.

2. Speck in feine Streifen oder Würfel schneiden. Flammkuchenteig mit Crème fraîche bestreichen und Speck daraufgeben. Zwiebeln schälen, in Ringe schneiden und auf dem Flammkuchen verteilen.

3. Flammkuchen im vorgeheizten Backofen ca. 15 Minuten knusprig backen. Mit Pfeffer bestreut servieren.

Tipp Alternativ rote Zwiebeln verwenden und nach Belieben den Flammkuchen mit Raukeblättern garniert servieren.

PARTY-PIZZA VOM BLECH MIT SPINAT UND FETA

Zutaten für ca. 4 Portionen

1 Pck. Pizzateig (aus dem Kühlregal),
1 Zwiebel, 1 Knoblauchzehe,
125 g frischer Babyspinat, 1 EL Butter,
Salz, frisch gemahlener Pfeffer,
150 g passierte Tomaten, 100 g Feta

Zubereitung *ca. 25 Min.*
Backzeit *ca. 20 Min.*

Pro Portion *ca. 377 kcal • 14 g EW • 13 g F • 50 g KH*

1. Backofen auf 220 °C (Umluft: 200 °C) vorheizen. Pizzateig ausrollen und auf ein mit Backpapier belegtes Backblech legen.

2. Zwiebel und Knoblauch schälen und fein hacken. Spinat waschen und trocken tupfen. Butter in einer Pfanne erhitzen und Zwiebel und Knoblauch darin anschwitzen. Spinat zugeben und kurz mitdünsten. Mit Salz und Pfeffer würzen.

3. Passierte Tomaten auf dem Pizzateig verstreichen. Dabei einen ca. 1 Zentimeter breiten Rand frei lassen. Mit Salz und Pfeffer würzen. Spinatmischung auf der Pizza verteilen. Fetawürfel darübergeben. Im vorgeheizten Backofen ca. 18–20 Minuten knusprig backen.

Tipp Nach Belieben die Pizza zusätzlich mit einigen halbierten Cocktailtomaten belegen.

FALAFEL IM PITABROT

Zutaten für 4 Portionen

*8 EL Tahini (Sesampaste), 8 EL Joghurt, Saft von 1 Zitrone,
2 TL fein gehackte Kräuter, Salz, 1 Prise gemahlener Kreuzkümmel,
1 Knoblauchzehe, 4 Pitataschen (zum Aufbacken), 16 Falafel (aus dem Kühlregal),
1 EL Öl, 8 Salatblätter (z. B. Kopf- oder Eisbergsalat), 4 Tomaten*

Zubereitung *ca. 25 Min.*

Pro Portion *ca. 604 kcal · 20 g EW · 29 g F · 61 g KH*

1. Tahini in einer Schüssel mit Joghurt, 6 Esslöffeln Wasser, Zitronensaft, Kräutern, etwas Salz und Kreuzkümmel verrühren. Knoblauch schälen, durch die Knoblauchpresse drücken und unterrühren.

2. Pitataschen nach Packungsanweisung aufbacken. Falafel mit Öl in einer Pfanne anbraten. Salatblätter waschen und trocken tupfen, Tomaten waschen, putzen, trocken tupfen und in Scheiben schneiden.

3. Innenseiten der Pitataschen mit etwas Tahini-Joghurt-Soße bestreichen, Salatblätter, Tomatenscheiben und jeweils 4 Falafel hineingeben und jeweils einen Klecks Soße darübergeben.

Tipp Zusätzlich können Sie die Taschen mit Zwiebelringen und Salatgurkenscheiben füllen oder anstelle der Salatblätter Weißkrautsalat verwenden.

KARTOFFEL-ZWIEBEL-KUCHEN

Zutaten für ca. 4 Portionen

125 g durchwachsener Speck, 750 g Zwiebeln,
etwas Öl zum Braten und für das Backblech,
1 kg Kloßteig für rohe Klöße (Fertigprodukt),
200 g Crème fraîche, 2 Eier,
Salz, frisch gemahlener Pfeffer

Zubereitung *ca. 30 Min.*
Backzeit *ca. 20 Min.*

Pro Portion *ca. 651 kcal · 16 g EW · 31 g F · 69 g KH*

1. Backofen auf 250 °C (Umluft: 230 °C) vorheizen. Speck in kleine Würfel schneiden, Zwiebeln schälen und in Ringe schneiden.

2. Speck in etwas Öl anbraten, Zwiebeln zugeben, ca. 5 Minuten mitbraten und etwas abkühlen lassen. Backblech einfetten, Kloßteig gleichmäßig darauf verteilen und flach drücken.

3. Crème fraîche und Eier in der Schüssel verschlagen, Zwiebelmischung zugeben und unterrühren. Mit Salz und Pfeffer würzen.

4. Zwiebelmasse gleichmäßig auf dem Kloßteig verteilen, nochmals salzen und pfeffern und Kartoffel-Zwiebel-Kuchen im vorgeheizten Backofen ca. 20 Minuten backen.

FISCHSTÄBCHEN-BURGER

Zutaten für 2 Portionen

2 Hamburgerbrötchen (zum Aufbacken),
1 EL Öl, 6 Fischstäbchen (aus dem Kühlregal),
2–4 Salatblätter, 2 Scheiben Käse, 2 Tomaten,
Salz, frisch gemahlener Pfeffer,
etwas Mayonnaise oder Remoulade

Zubereitung *ca. 25 Min.*

Pro Portion *ca. 719 kcal • 27 g EW • 44 g F • 52 g KH*

1. Brötchen waagerecht halbieren und nach Packungsanweisung aufbacken. Öl in einer Pfanne erhitzen und Fischstäbchen darin von beiden Seiten knusprig braten. Auf Küchenpapier abtropfen lassen.

2. Salatblätter waschen, trocken tupfen und jeweils auf die unteren Brötchenhälften legen. Käse und Fischstäbchen darauflegen. Tomaten waschen, putzen, trocken tupfen und in Scheiben schneiden. Tomatenscheiben auf die Fischstäbchen legen und mit Salz und Pfeffer bestreuen.

3. Jeweils etwas Mayonnaise oder Remoulade daraufgeben, obere Brötchenhälfte daraufsetzen und Fischstäbchen-Burger sofort servieren.

Tipp Statt Salatblättern können Sie auch Weißkrautsalat verwenden. Nach Belieben zusätzlich ein paar Gewürzgurkenscheiben auf den Burger legen. Statt Mayonnaise oder Remoulade können Sie auch Cocktailsoße verwenden.

LECKERE MINI-BURGER

Zutaten für 10 Stück

2 EL Öl, 10 Mini-Frikadellen (aus dem Kühlregal). 1 Zwiebel,
½ Salatgurke, 2 Handvoll Babyspinat, 2 Tomaten,
10 Vollkorn-Mini-Burgerbrötchen, 100 g Mayonnaise,
5 Scheiben Gouda, Ketchup nach Belieben, Senf nach Belieben

Zubereitung *ca. 20 Min.*

Pro Stück *ca. 317 kcal • 10 g EW • 23 g F • 16 g KH*

1. Öl in einer Pfanne erhitzen und Mini-Frikadellen darin von jeder Seite bei mittlerer Hitze ca. 3–5 Minuten anbraten.

2. Zwiebel schälen und in Ringe schneiden. Gurke waschen, putzen und in Scheiben schneiden. Babyspinat waschen und trocken schütteln. Tomaten waschen, putzen und in Scheiben schneiden.

3. Brötchen aufschneiden und nach Belieben leicht toasten. Die unteren Hälften mit Mayonnaise bestreichen und mit Zwiebelringen und Gurken belegen. Mini-Frikadellen daraufsetzen und jeweils mit einer halben Goudascheibe belegen.

4. Burger mit Babyspinat und Tomaten belegen und nach Belieben Ketchup und Senf zugeben. Zweite Brötchenhälfte darauflegen und Mini-Burger nach Belieben beispielsweise mit einem Spieß bzw. mit einem Streifen Packpapier sowie Schnur fixieren.

NUDELSALAT MIT PUTENFILETSTREIFEN

Zutaten für ca. 6 Portionen

*350 g Vollkornnudeln (z. B. Spirelli), Salz, 4 EL Balsamico, 4 EL Senf, 8 EL saure Sahne,
4 EL Ketchup, frisch gemahlener Pfeffer, etwas Zucker, je 1 rote und gelbe Paprikaschote,
1 kleine Zucchini, 200 g Brokkoli, 100 g Cocktailtomaten, 1 Handvoll Basilikumblättchen,
1 kleine Dose Mais nach Belieben, 375 g gegarte Putenfiletstreifen (aus dem Kühlregal),
etwas Öl zum Braten nach Belieben, etwas Parmesan zum Bestreuen*

Zubereitung *ca. 40 Min.*

Pro Portion *ca. 469 kcal · 29 g EW · 12 g F · 57 g KH*

1. Nudeln nach Packungsanweisung in ausreichend kochendem Salzwasser bissfest garen. Über ein Sieb abgießen, kalt abspülen und abtropfen lassen.

2. Balsamico, Senf, saure Sahne, Ketchup, Salz sowie etwas Pfeffer und Zucker in einer Schüssel zu einer Soße verrühren. Paprika und Zucchini waschen, putzen, trocken tupfen und in Würfel schneiden. Brokkoliröschen waschen und in ausreichend kochendem Salzwasser ca. 3 Minuten blanchieren. Über ein Sieb abgießen und abtropfen lassen. Tomaten waschen, trocken tupfen und halbieren. Basilikum waschen und trocken tupfen.

3. Nudeln in eine Servierschüssel geben. Paprika, Zucchini, Brokkoli, Tomaten und nach Belieben abgetropften Mais zugeben und mit den Nudeln vermischen. Soße zugeben und unterrühren.

4. Putenfiletstreifen kurz in der Mikrowelle oder in etwas Öl in einer Pfanne erhitzen, würfeln, nach Belieben mit Salz und Pfeffer würzen und unter den Nudelsalat heben. Basilikum zugeben und mit etwas Parmesan bestreut servieren.

CAPRESE-SALAT MIT HÄHNCHEN

Zutaten für ca. 4 Portionen

500 g gegarte Hähnchenfiletstreifen (aus dem Kühlregal),
3 EL Öl, 125 g rote und gelbe Cocktailtomaten, 4 EL weißer Balsamico,
2 TL grobkörniger Senf, 1 Pise Zucker, Salz, frisch gemahlener Pfeffer
150 g küchenfertiger Blattsalat (aus dem Kühlregal),
125 g Mini-Mozzarellakugeln

Zubereitung *ca. 15 Min.*

Pro Portion *ca. 373 kcal • 34 g EW • 21 g F • 9 g KH*

1. Hähnchenfiletstreifen kurz in 1 Esslöffel Öl in einer Pfanne erhitzen. Tomaten waschen, trocken tupfen und halbieren. Balsamico, restliches Öl, Senf, Zucker, Salz und Pfeffer zu einem Dressing verrühren.

2. Salat, Tomaten, Mozzarella und Hähnchenfleisch auf tiefen Tellern anrichten, mit Balsamico-Senf-Dressing beträufeln und mit Salz und Pfeffer würzen. Alles vorsichtig mischen und Salat servieren.

Tipp Nach Belieben zwei Scheiben Weißbrot toasten, in Würfel schneiden und auf den Salat geben.

HÄHNCHEN-SPIESSE MIT GEMÜSE

Zutaten für 8 Stück

600 g gegartes Hähnchenbrustfilet (aus dem Kühlregal), 2 gelbe Paprikaschoten,
1–2 Zucchini, 150 g Cocktailtomaten, 1–2 rote Zwiebeln, 8 Holzspieße (gewässert),
Salz, frisch gemahlener Pfeffer, etwas Paprikapulver,
etwas getrockneter Oregano, etwas getrockneter Thymian

Zubereitung *ca. 20 Min.*
Backzeit *ca. 20 Min.*

Pro Stück *ca. 129 kcal • 19 g EW • 3 g F • 5 g KH*

1. Backofen auf 180 °C (Umluft: 160 °C) vorheizen. Hähnchenbrustfilet in mundgerechte Stücke schneiden.

2. Paprika, Zucchini und Tomaten waschen, putzen und trocken tupfen. Paprika in mundgerechte Streifen schneiden, Zucchini in ca. ½ Zentimeter dicke Scheiben schneiden, Tomaten halbieren. Zwiebeln schälen und in Scheiben oder Spalten schneiden.

3. Hähnchen, Paprika, Zucchini, Tomaten und Zwiebeln abwechselnd auf Holzspieße stecken und mit Salz, Pfeffer, Paprikapulver, getrocknetem Oregano und Thymian würzen.

4. Spieße auf ein mit Backpapier belegtes Backblech legen und ca. 20 Minuten im vorgeheizten Backofen erhitzen. Dazu eine Soße oder einen Dip nach Wahl reichen.

Tipp Für einen Salsa-Dip 150 Gramm Tomaten waschen, putzen, trocken tupfen und fein würfeln, mit einer zerdrückten Knoblauchzehe, einer fein gehackten Zwiebel, einer kleinen gehackten Chilischote, Salz und etwas Öl verrühren.

PIZZA-PARTYKRANZ

Zutaten für ca. 12 Portionen

2 Pck. Pizzateig (aus dem Kühlregal), 12 Cocktailtomaten,
einige Basilikumblättchen, 12 Mini-Mozzarellakugeln,
etwas Olivenöl zum Bestreichen, etwas Kräutersalz zum Bestreuen

Zubereitung *ca. 20 Min.*
Backzeit *ca. 30 Min.*

Pro Portion *ca. 238 kcal • 9 g EW • 8 g F • 31 g KH*

1. Backofen auf 200 °C (Umluft: 180 °C) vorheizen. Pizzateige ausrollen und Teige jeweils in 6 Rechtecke schneiden.

2. Tomaten putzen, waschen und trocken tupfen. Auf jedes Teigrechteck 1 Tomate, 1 Mozzarellakugel und einige Basilikumblättchen legen. Teig jeweils darüberlegen und zu Kugeln formen.

3. Teigkugeln mit Öl bestreichen und mit Kräutersalz bestreuen. Auf ein mit Backpapier belegtes Backblech setzen und zu einem Kranz anordnen. Partykranz im vorgeheizten Backofen ca. 30 Minuten backen.

Tipp Für einen Partykranz „griechischer Art" die Teigrechtecke mit Fetawürfeln, Oliven und Oregano belegen.

ÜBERBACKENE SPÄTZLE-MUFFINS

Zutaten für 12 Stück

1 Zwiebel, 1 EL Öl, 400 g Eierspätzle (aus dem Kühlregal),
6 Eier, 50 g Crème fraîche, Salz, frisch gemahlener Pfeffer,
100 g geriebener Käse, 3 EL Paniermehl, 2 EL klein geschnittenes Basilikum

Zubereitung *ca. 30 Min.*

Backzeit *ca. 20 Min.*

Pro Stück *ca. 178 kcal • 9 g EW • 9 g F • 15 g KH*

1. Zwiebel schälen und fein hacken. Öl in einer Pfanne erhitzen und Zwiebel darin einige Minuten andünsten. Spätzle nach Packungsanweisung in kochendem Salzwasser garen und in einem Sieb abtropfen lassen. Backofen auf 200 °C (Umluft: 180 °C) vorheizen.

2. Eier in einer Schüssel mit Crème fraîche verrühren und mit Salz und Pfeffer würzen. Zwiebel, Käse und Spätzle unterrühren. Mulden der Muffinfom mit Papierförmchen auslegen.

3. Spätzlemischung in die Mulden der Muffinform verteilen und mit Paniermehl bestreuen. Ca. 15–20 Minuten im vorgeheizten Backofen backen. Mit Basilikum bestreut servieren.

Tipp Servieren Sie zu den Spätzle-Muffins eine würzige Tomatensoße zum Dippen.

KARTOFFELPUFFER MIT LACHS UND EIERN

Zutaten für 4 Portionen

4 Kartoffelpuffer (TK-Produkt), etwas Öl zum Braten, 2 EL Essig, 4 Eier,
4 Scheiben Räucherlachs, einige Dillfähnchen zum Garnieren,
etwas Remoulade oder Mayonnaise zum Servieren

Zubereitung *ca. 35 Min.*

Pro Portion *ca. 261 kcal · 13 g EW · 16 g F · 15 g KH*

1. Kartoffelpuffer antauen lassen. Öl in einer Pfanne erhitzen und Kartoffelpuffer darin von beiden Seiten knusprig braten.

2. Essig in einem großen Topf mit 1 Liter Wasser zum Kochen bringen und Herd ausschalten. Eier nacheinander vorsichtig in einer Kelle aufschlagen (Eigelb nicht beschädigen!). Essigwasser mit einem Schneebesen umrühren, bis sich ein Strudel bildet. Eier nacheinander in die Mitte des Strudels gleiten lassen und ca. 3–5 Minuten im heißen Wasser ziehen lassen. Mit einem Schaumlöffel herausnehmen und auf Küchenpapier abtropfen lassen.

3. Kartoffelpuffer auf Tellern anrichten. Pochierte Eier mit Räucherlachs umwickeln und jeweils 1 pochiertes Ei auf jeden Kartoffelpuffer setzen. Mit Dill garnieren und mit Remoulade oder Mayonnaise servieren.

Tipp Anstatt fertiger Kartoffelpuffer können Sie auch eine Packung Kartoffelrösti aus dem Kühlregal verwenden und den Röstiteig zu Puffer formen und in der Pfanne anbraten.

Süßer Abschluss

FRENCH-TOAST-SPIESSE MIT ERDBEEREN

Zutaten für 4 Portionen

90 ml Milch, 3 Eier, 1 TL Zimt, 4 Scheiben Toast,
250 g Erdbeeren, etwas Butter zum Braten,
4 Holzspieße, etwas Erdbeer- oder Himbeerkonfitüre,
etwas Ahornsirup zum Beträufeln

Zubereitung *ca. 25 Min.*

Pro Portion *ca. 229 kcal • 8 g EW • 10 g F • 26 g KH*

1. In einer flachen Schüssel Milch, Eier und Zimt verschlagen. Toastbrot in jeweils 6 Stücke schneiden. Erdbeeren waschen, putzen und in Scheiben schneiden.

2. Butter in einer Pfanne zerlassen. Toaststücke einige Sekunden in die Eiermischung legen und in der zerlassenen Butter bei mittlerer Hitze goldbraun braten. Herausnehmen und die Hälfte der Toasts mit etwas Konfitüre bestreichen. Jeweils 1 Erdbeerscheibe daraufsetzen und mit einem weiteren Toaststück bedecken.

3. Mini-French-Toast abwechselnd mit restlichen Erdbeerscheiben auf Spieße stecken und mit etwas Ahornsirup beträufelt servieren.

Tipp Beim Obst können Sie nach Herzenslust variieren. Die Spieße schmecken z. B. auch mit Äpfeln, Birnen, Pfirsichen oder Bananen lecker.

MARSHMALLOW-S'MORES

Zutaten für 16 Stück

32 Vollkorn- oder Butterkekse,
160 g Vollmilch- oder Zartbitterschokolade,
16 große Marshmallows

Zubereitung *ca. 10 Min.*
Backzeit *ca. 5 Min.*

Pro Stück *ca. 129 kcal · 1 g EW · 6 g F · 17 g KH*

1. Backofen auf 200 °C (Umluft: 180 °C) vorheizen. Kekse nebeneinander auf ein mit Backpapier belegtes Backblech legen. Schokolade in 16 Stücke teilen.

2. Hälfte der Kekse mit je 1 Stück Schokolade, übrige Kekse mit je 1 Marshmallow belegen. Kekse ca. 5 Minuten im vorgeheizten Backofen backen. Je 1 Keks mit Schokolade auf 1 Keks mit einem Marshmallow legen und leicht andrücken.

Tipp Noch schneller geht's in der Mikrowelle. Einfach Kekse belegen, auf einem Teller verteilen und in der Mikrowelle auf höchster Stufe ca. 10–15 Sekunden schmelzen.

SCHOKO-CAKEPOPS

Zutaten für ca. 25 Stück

1 dunkler Biskuitboden (Fertigprodukt), 50 g Sahne,
100 g Zartbitterschokolade, 50 g Mascarpone, 2 EL Orangensaft, ca. 25 Cakepop-Stiele,
2 Pck. Schokoladenglasur, einige Zuckerperlen zum Verzieren

Zubereitung *ca. 45 Min.*
Kühlzeit *ca. 20 Min.*

Pro Stück *ca. 115 kcal • 2 g EW • 5 g F • 15 g KH*

1. Biskuitboden in einer Schüssel zerkrümeln. Sahne in einem Topf erhitzen, Schokolade in Stücke brechen, zur Sahne geben und unter ständigem Rühren in der heißen Sahne schmelzen lassen. Schokosahne abkühlen lassen, zu den Biskuitkrümeln geben, Mascarpone und Orangensaft zugeben und alles zu einem homogenen Teig verkneten.

2. Aus der Masse ca. 25 gleich große Teigkugeln formen und auf einem Teller ca. 10 Minuten ins Gefrierfach legen. Schokoladenglasur nach Packungsanweisung schmelzen lassen.

3. Cakepop-Stiele nacheinander ca. 1 Zentimeter tief in die Glasur tauchen und jeweils bis zur Hälfte in die Teigkugeln stecken. Nochmals ca. 10 Minuten ins Gefrierfach legen. Glasur nochmals schmelzen lassen und Cakepops vollständig in die Glasur tauchen. Herausnehmen und überschüssige Glasur abtropfen lassen. Cakepops in einen Styroporblock stecken, mit Zuckerperlen verzieren und vollständig trocknen lassen.

Tipp Wer es schön bunt mag, kann statt Schokoladenglasur Candy Melts verwenden. Die bunten Glasurdrops, die sich einfach portionieren und schmelzen lassen, gibt es in vielen verschiedenen Farben.

SCHOKO-ORANGEN-TÖRTCHEN

Zutaten für 6 Stück

180 g Sahne, 180 g Zartbitterschokolade, 20 g Butter, 40 g Zucker,
2 Pck. geriebene Orangenschale und einige Orangenschalenstreifen zum Garnieren,
4 EL Orangenblütenwasser, 6 Mürbeteigtörtchen (Fertigprodukt)

Zubereitung *ca. 35 Min.*
Ruhezeit *ca. 10 Min*

Pro Stück *ca. 409 kcal • 5 g EW • 28 g F • 33 g KH*

1. Sahne in einem Topf erhitzen und Topf vom Herd nehmen. Schokolade in kleine Stücke brechen, zur Sahne geben und unter ständigem Rühren in der Sahne schmelzen lassen.

2. Butter, Zucker, Orangenschale und Orangenblütenwasser unterrühren und im Kühlschrank ca. 10 Minuten kühl stellen.

3. Mürbeteigtörtchen auf einen Servierteller setzen. Schokosahne in einen Spritzbeutel füllen und Törtchen damit füllen. Törtchen mit Orangenschale garnieren und bis zum Verzehr kalt stellen.

Tipp Statt Orangenblütenwasser können Sie auch Orangensaft verwenden. Alternativ die Törtchen mit geraspelter Schokolade bestreuen.

KÄSEKUCHEN IM GLAS

Zutaten für 6 Portionen

1 Rührteigboden (Fertigprodukt), 150 g Frischkäse, 50 g Puderzucker,
abgeriebene Schale von 1 unbehandelten Zitrone,
200 g Sahne, 100 g Kirschkonfitüre, 200 g Kirschen (aus dem Glas),
fein gehackte Nüsse zum Garnieren

Zubereitung *ca. 25 Min.*

Pro Portion *ca. 469 kcal • 6 g EW • 22 g F • 61 g KH*

1. Rührteigboden in einer Schüssel zerbröseln. In einer weiteren Schüssel Frischkäse mit Puderzucker und Zitronenschale glatt rühren.

2. Sahne in einer Schüssel steif schlagen und vorsichtig unter die Frischkäsemasse heben. Kirschkonfitüre und abgetropfte Kirschen in einer weiteren Schüssel verrühren.

3. Etwas zerbröselten Rührteigboden in 6 Gläser füllen, etwas Frischkäsecreme und Kirschkompott daraufgeben. Weitere Schicht mit Teigbröseln, Frischkäsecreme und Kirschkompott darübergeben. Nach Belieben mit gehackten Nüssen bestreuen und bis zum Servieren kalt stellen.

Tipp Alternativ zum Rührteigboden können Sie auch knusprige Kekse wie Löffelbiskuits, Amarettini, Baisers oder Brownies verwenden.

CHEESECAKE-HÄPPCHEN

Zutaten für ca. 8 Stück

1 New York Cheesecake (TK-Produkt),
frische oder tiefgekühlte Beeren
(z. B. Himbeeren, Blaubeeren, Brombeeren)

Zubereitung *ca. 15 Min.*
Ruhezeit *ca. 1 Std.*

Pro Stück *ca. 353 kcal · 6 g EW · 20 g F · 35 g KH*

1. Cheesecake ca. 1 Stunde antauen lassen. Mithilfe eines runden Ausstechers ca. 8 Kreise ausstechen. Mini-Cheesecakes auf Servierteller setzen.

2. Frische Beeren waschen, verlesen und trocken tupfen, tiefgekühlte Beeren in einem Sieb auftauen lassen. Beeren auf den Mini-Cheesecakes anrichten und bis zum Servieren im Kühlschrank aufbewahren.

Tipp Die Beeren können Sie mit ein wenig klaren Tortenguss auf den Cheesecakes fixieren und nach Belieben mit einigen Minzeblättchen garnieren. Die Cheesecakes schmecken auch köstlich, wenn Sie zusätzlich etwas steif geschlagene Sahne daraufgeben.

HIMBEEREIS-BOWLE

Zutaten für ca. 10 Portionen

500 g Himbeeren (TK-Produkt), 300 ml Wodka,
100 g Zucker, 1 l kalter Orangensaft,
750 ml kalter Sekt,
900 ml Himbeereis (Fertigprodukt),
einige Minzeblättchen zum Garnieren

Zubereitung *ca. 25 Min.*
Ruhezeit *ca. 1 Tag*

Pro Portion *ca. 275 kcal • 3 g EW • 0 g F • 45 g KH*

1. Himbeeren in einer Schüssel mit Wodka und Zucker vermischen und 1 Tag im Kühlschrank durchziehen lassen.

2. Kurz vor dem Servieren Orangensaft und Sekt zu den Früchten geben, unterrühren und Bowle in Gläser verteilen. Himbeereis zu Kugeln portionieren und jeweils in die Gläser geben. Mit Minze garniert servieren.

Tipp Die Eisbowle schmeckt auch mit anderen Beeren gut. Sie können auch eine Beerenmischung verwenden.

GEFÜLLTE MINI-BLINI-SPIESSE

Zutaten für 12 Stück

150 g Schokoladenmousse (aus dem Kühlregal),
150 g Zitronenmousse (aus dem Kühlregal),
48 Mini-Blinis (TK-Produkt),
einige frische oder tiefgekühlte Beeren (z. B. Erdbeeren, Blaubeeren),
12 Holzspieße, Puderzucker zum Bestäuben

Zubereitung *ca. 35 Min.*

Pro Stück *ca. 188 kcal • 3 g EW • 9 g F • 22 g KH*

1. Schokoladen- und Zitronenmousse jeweils in einen Spritzbeutel mit Lochtülle füllen. Blini nach Packungsanweisung einige Sekunden in der Mikrowelle backen oder auf Küchenpapier auftauen lassen. Frische Beeren waschen, verlesen und trocken tupfen, tiefgekühlte Beeren in einem Sieb auftauen lassen. Größere Früchte (z. B. Erdbeeren) in Scheiben schneiden.

2. Jeweils Türmchen à 4 Blinis, abwechselnd gefüllt mit Schokoladen- und Zitronenmousse zusammensetzen. Jeweils mit einer Frucht toppen und Blini-Türmchen mit Holzspießen fixieren. Mit Puderzucker bestäubt servieren.

Tipp Die Mini-Blinis lassen sich alternativ auch mit Konfitüre, Nuss-Nugat-Creme oder weißer Schokocreme bestreichen und mit Bananenscheiben füllen.

BANANEN-„SUSHI"

Zutaten für ca. 6 Portionen

6 Weizentortillas, 6 EL Erdnussbutter, 6 Bananen,
einige fein gehackte Nüsse nach Belieben

Zubereitung *ca. 10 Min.*

Pro Portion *ca. 465 kcal • 14 g EW • 17 g F • 59 g KH*

1. Weizentortillas jeweils 30 Sekunden in der Mikrowelle erwärmen. Jede Tortilla mit 1 Esslöffel Erdnussbutter bestreichen.

2. Je 1 Banane schälen, auf 1 Tortilla legen und diese einrollen. Wie Sushi in Röllchen schneiden und nach Belieben mit gehackten Nüssen bestreuen.

Tipp Leckere Variante: Die Tortillas mit Nuss-Nugat-Creme oder Konfitüre bestreichen. Alternativ können Sie auch Fertig-Pfannkuchen aus dem Kühlregal verwenden.

GEFÜLLTE BERLINER

Zutaten für 6 Stück

6 Berliner mit Konfitürefüllung (TK-Produkt),
200 g Sahne, 2 EL Puderzucker und etwas Puderzucker zum Bestäuben,
200 g Früchte nach Wahl (z. B. Erdbeeren, Pfirsiche),
einige fein gehackte Minzeblättchen

Zubereitung *ca. 25 Min.*

Pro Stück *ca. 417 kcal • 6 g EW • 23 g F • 45 g KH*

1. Berliner leicht antauen lassen und waagerecht halbieren. Sahne mit Puderzucker in einer Schüssel steif schlagen und in einen Spritzbeutel mit Lochtülle füllen. Minze waschen, trocken tupfen und sehr fein schneiden. Obst waschen, je nach Art entkernen, trocken tupfen und klein schneiden.

2. Sahne jeweils auf die Unterseiten der Berliner aufspritzen, mit Minze und Fruchtstücken belegen. Obere Hälfte der Berliner jeweils daraufsetzen. Auf Servierteller setzen und mit Fruchtstücken und Puderzucker garniert servieren.

Tipp Sehr effektvoll machen sich auf Partys auch tiefgekühlte Mini-Berliner. Die Berliner schmecken ebenso gut, wenn Sie sie mit kalter Puddingcreme (aus dem Kühlregal) füllen.

MINI-ERDBEER-BECHER MIT VANILLEPUDDING

Zutaten für 16 Stück

150 ml Milch, 150 g Sahne, 50 g Zucker,
25 g Vanillepuddingpulver, 16 Waffelbecher,
250 g Erdbeeren, 2–3 EL Aprikosenkonfitüre,
einige Minzeblättchen zum Garnieren

Zubereitung *ca. 30 Min.*
Ruhezeit *ca. 4 Std.*

Pro Stück *ca. 78 kcal • 1 g EW • 4 g F • 9 g KH*

1. Milch, Sahne und Zucker in einem Topf verrühren. Einige Esslöffel der Mischung abnehmen und in einer Schale mit Vanillepuddingpulver glatt rühren. Restliche Milchmischung aufkochen lassen. Angerührtes Puddingpulver zugeben und gut unterrühren. Ca. 1 Minute unter Rühren kochen lassen.

2. Waffelbecher zur Hälfte mit Pudding füllen und ca. 4 Stunden in den Kühlschrank stellen. Erdbeeren waschen, putzen und je nach Größe halbieren oder vierteln.

3. Aprikosenkonfitüre in einem Topf mit 1 Esslöffel Wasser erhitzen. Waffelbecher mit Erdbeeren füllen und diese mit Konfitüre bestreichen. Leicht anziehen lassen und mit Minze garniert servieren.

Tipp Alternativ können Sie auch fertigen Vanillepudding aus dem Kühlregal verwenden. Die Waffelbecher lassen sich auch lecker mit Schokopudding und Himbeeren füllen.

PETIT FOURS MIT BISKUITBODEN

Zutaten für ca. 50 Stück

2 dunkle Biskuitböden (Fertigprodukt),
1 Glas Fruchtgelee (nach Geschmack), 1 Marzipandecke (gebrauchsfertig),
1 Pck. weiße Schokoladenglasur, 1 Pck. dunkle Schokoladenglasur,
einige Zuckerperlen zum Verzieren

Zubereitung *ca. 40 Min.*
Ruhezeit *ca. 2 Std.*

Pro Stück *ca. 101 kcal • 1 g EW • 3 g F • 18 g KH*

1. Einen Biskuitboden dick mit Fruchtgelee bestreichen und zweiten Boden daraufsetzen. Marzipandecke darauflegen und leicht andrücken. Böden in kleine Würfel schneiden (Randabschnitte anderweitig verwenden).

2. Weiße Glasur nach Packungsanweisung schmelzen lassen. Kuchenwürfel mit der Glasur bestreichen und ca. 1 Stunde trocknen lassen.

3. Dunkle Schokoladenglasur nach Packungsanweisung schmelzen lassen, in eine Spritztüte füllen und Kuchenwürfel mit dekorativen Mustern verzieren. Mit Zuckerperlen verzieren und Glasur vollständig trocknen lassen.

REZEPTREGISTER

Bildnachweis

Shutterstock: 3 u. re. Lyona, 3 o. li. Fischer Food Design, 3 o. re. Sunvic, 3 u. li. Ekaterina Markelova, 5 Goskova Tatiana, 6 margouillat photo, 9 Rido, 10 u. li. MaraZe, 10 u. re. Mateusz Gzik, 10 o. re. Polina Maksym, 10 o. li. freeskyline, 12 istetiana, 13 u. Efremova Gulia, 13 o. zarzamora, 17 from my point of view, 19 Elena Veselova, 21 Mateusz Gzik, 23 Karl Allgaeuer, 25 zoryanchik, 27 Ekaterina Markelova, 29 MariaKovaleva, 31 istetiana, 33 Lenasirena, 35 Brent Hofacker, 37 Aksenya, 39 Anna_Pustynnikova, 41 AnikonaAnn, 45 NoirChocolate, 47 Sunvic, 49 Elena Trukhina, 51 Ildi Papp, 53 Fischer Food Design, 55 Olga Pink, 57 Anna Shepulova, 59 Timolina, 61 AS Food studio, 63 Rui Elena, 65 Elena Veselova, 67 Lesya Dolyuk, 71 Elena Veselova, 73 Olga Miltsova, 75 AS Food studio, 77 ksenee, 79 zoryanchik, 81 Jennifer Gauld, 83 Elena Veselova, 85 Lyona, 87 Siim79, 89 Ruslan Mitin, 91 Dream79, 93 ronnythebaker, 95 Igor Dutina; Coverabbildungen: siehe Innenteil

Impressum

Komplettproducing: twinbooks, München
Text und Lektorat: Annerose Sieck, Melanie Goldmann, Eva Hutter für twinbooks, München

Genehmigte Sonderausgabe für Weltbild GmbH & Co. KG,
Werner-von-Siemens-Str. 1, 86159 Augsburg
Copyright © 2019 vivo Buch UG

Umschlaggestaltung: vivo Buch UG

Druck und Bindung:
NEOGRAFIA, a.s.
Strasse Sucianska 39A
038 61 Martin-Priekopa
Slowakei

Printed in the EU.

978-3-8289-2936-4

2021 2020 2019
Die letzte Jahreszahl gibt die aktuelle Sonderausgabe an.

Einkaufen im Internet:
www.weltbild.de